Leserabe

3. Lesestufe

Marlene Jablonski

Reiterhofgeschichten

Mit Bildern von Astrid Vohwinkel

Ravensburger Buchverlag

fische Information Der Deutschen Bibliothek:

tsche Bibliothek verzeichnet diese Publikation
in der Deutschen Nationalbibliografie.
Detaillierte bibliografische Daten sind im Internet
über **http://dnb.ddb.de** abrufbar.

3 2 1 05 06 07

Ravensburger Leserabe

Umschlagbild: Astrid Vohwinkel
Umschlagkonzeption: Sabine Reddig
Redaktion: Sabine Schuler
Printed in Germany
ISBN 3-473-36090-2

www.ravensburger.de
www.leserabe.de

Inhalt

Eine Heulsuse im Glück

Geschwind wie der Wind radelte Laura den nassen Waldweg zum Reiterhof Jansen entlang. Es goss in Strömen.
Die Regentropfen vermischten sich mit den Tränen in Lauras Gesicht. Sie hatte vor knapp einer halben Stunde die schlimmste Nachricht ihres Lebens erhalten.
Nein, sie musste sich nicht etwa auf einen quengelnden Bruder einstellen. Sie musste auch keine Extraportion Spinat verdrücken. Es war viel schlimmer. Sie

würde Flavio, ihr Pflegepferd, verlassen müssen.
Wie konnte es bloß dazu kommen?, fragte sich Laura, während der Reiterhof in Sicht kam.
Sie erinnerte sich daran, wie ihre Eltern vorhin in ihr Zimmer gekommen waren. An ihren traurigen Gesichtern hatte sie erkannt, dass etwas nicht stimmte.
„Ich habe eine neue Arbeit gefunden“, fing Lauras Vater geknickt an.
„Aber das ist doch Klasse, Vati!“, freute sich Laura.
Sie verstand beim besten Willen nicht, weshalb ihre Eltern so traurig darüber waren. Schließlich hatte ihr Vater vor einigen Monaten seine Arbeitsstelle als Buchhalter verloren. Seitdem war er ständig auf der Suche nach einer neuen Stelle gewesen.

„Die Sache ist die“, begann er wieder. „Die neue Arbeit ist in einer anderen Stadt, Laura. Wir werden wohl oder übel von hier wegziehen müssen.“
„Was?!“ Für Laura brach eine Welt zusammen.
„Glaub mir, Liebes“, sagte ihr Vater. „Es gibt keine andere Möglichkeit. Uns wäre es auch lieber, wenn wir hier bleiben könnten.“
Laura konnte sich nicht vorstellen, irgendwo anders zu leben. So ganz weit weg von ihrer Schule, dem Reiterhof und Flavio, ihrem besten Freund.
Sie erinnerte sich noch gut an ihre erste Begegnung mit ihm. Das war vor genau einem Jahr. Sie fuhr gerade mit ihrem Rad am Reiterhof vorbei. Da entdeckte sie Flavio auf einer großen Wiese.
Gemütlich graste er vor sich hin. Plötzlich

hob er den Kopf und schaute sie an. Für Laura war es Liebe auf den ersten Blick. Von da an fuhr sie jeden Tag zum Reiterhof. Doch irgendwann reichte es ihr nicht mehr, Flavio nur zu besuchen. Sie wollte sich richtig um ihn kümmern. Und so kam sie zu ihrem Pflegepferd.
Von diesem Zeitpunkt an verbrachte Laura jede freie Minute auf dem Reiterhof Jansen. Sie liebte es, Flavio zu putzen, ihn zu füttern und auf ihm auszureiten. Sogar das Ausmisten seiner Box machte Laura nichts aus. Sie tat es gern.

Und mindestens genauso gern wollte sie noch so viel Zeit wie nur möglich mit ihm verbringen. Also schnappte sie sich ihr Fahrrad und machte sich auf den Weg zum Reiterhof Jansen, wo sie nun, nass wie ein begossener Pudel, endlich ankam.

Sie lehnte ihr Rad an die Hauswand der Reithalle und rannte zum Pferdestall gegenüber. Kein Mensch war im Stall zu sehen. Außer Laura befanden sich dort nur Pferde. Anscheinend hatte bei diesem miesen Wetter niemand Lust aufs Reiten.

Betrübt schlenderte Laura die Stallgasse entlang. Sie passierte Box für Box, bis sie schließlich vor einem Vollbluthengst stand. Das war Flavio!
Neugierig riss er sich von der Heuraufe los und schaute Laura erfreut an.
Laura schob die Schiebetür, die grade mal so hoch war, dass Flavio locker darüber schauen konnte, zur Seite und betrat seine Box.
Zur Begrüßung lächelte sie ihn schwach an. Sie strich ihm zärtlich über die Nase.
„Hallo, mein Schöner“, flüsterte sie unter Tränen und klopfte ihm den Hals.
Flavio war groß und sein schwarzes Fell glänzte. Seine dunkelbraunen Pferdeaugen sahen Laura mitfühlend an und er nickte mehrmals mit dem Kopf, als wollte er sagen: Hey, was bin ich froh, dich zu sehen!

Und auch Laura war überglücklich, ihren Flavio zu sehen. Umso schlimmer war der Gedanke, dass dies bald unmöglich sein sollte.
Langsam kuschelte Laura sich an Flavios Schulter und streichelte liebevoll seine Stirn. Dicke Tränen kullerten unaufhörlich ihre Wangen hinunter.

„Genug geschmust“, meinte sie schließlich, wischte sich schnell mit dem Ärmel die Tränen weg und löste sich von Flavios Schulter.

Die ganze Sache kam Laura wie ein böser Albtraum vor. Sie wollte auf gar keinen Fall Flavio verlieren. Er war doch ihr Ein und Alles. Ihr bester Freund. Ihr Kumpel. Um bei Flavio bleiben zu können, würde Laura auf alles verzichten. Auf ihr Taschengeld, neue Klamotten, Schuhe, Essen, Trinken … Auch Flavio würde nicht auf Laura verzichten wollen. Da war sie sich ganz sicher.
Sie schaute ihren Flavio sanft an.
„Ich weiß gar nicht, was ich ohne dich tun soll." Ihre blaue Augen füllten sich wieder mit Tränen. Mühsam versuchte Laura sie zurückzuhalten. Doch es war sinnlos. Es waren einfach zu viele. Schließlich verlor sie den Kampf gegen ihre Tränen und weinte bitterlich.
Flavio stupste Laura leicht an, so als wollte er sie trösten.

„Keine Sorge. Mir geht es gut“, schwindelte sie. Ihr Körper wurde von stillem Schluchzen geschüttelt. Genau in diesem Moment kam Herr Jansen, der Reiterhofbesitzer, zur Tür herein. Laura versuchte sich zu beruhigen.
„Hallo Laura“, begrüßte Herr Jansen sie freundlich. „Was ist denn mit dir los?“, fragte er besorgt, als er ihre tränenverschmierten Wangen bemerkte.
„Ach, nichts“, meinte sie und drehte ihren Kopf zur Seite. Herr Jansen fragte zum Glück nicht weiter nach, sondern meinte nur freundlich: „Ich habe dich vorhin durch das Fenster ankommen sehen und da habe ich mich gefragt, ob du nicht Lust auf ein Stück Kuchen hättest? Wir verabschieden gerade eine unserer Bürokräfte und haben mehr Kuchen als

Leute, die ihn verdrücken
können.“ Eigentlich wäre
Laura lieber bei Flavio geblieben.
Aber ihr Magen knurrte so laut, dass sie
die Einladung doch annahm.
Im Büro herrschte eine trübe Stimmung.
Wortlos schnappte sich Laura ein
besonders großes Stück Schokoladen-
kuchen. Sie fand ein freies Plätzchen
direkt neben dem Fenster.
Gedankenverloren mampfte sie den
Kuchen und starrte den Stalleingang an.
„Sie werden uns fehlen, Bärbel“, ergriff
Herr Jansen das Wort. „Es wird schwierig
sein, eine würdige Nachfolgerin für sie zu
finden“, sagte er mit einem wehmütigen
Lächeln. „Eine so ausgezeichnete
Buchhalterin ist nicht leicht zu ersetzen.“
Buchhalterin?!, wiederholte Laura in
Gedanken.

„Sie suchen jemanden für die Buchhaltung?“, fragte sie Herrn Jansen mit vollem Mund. Dabei spuckte sie eine Menge Krümel.

„Hmm“. Herr Jansen nickte, während er sich die braunen Krümel von seinem weißen Hemd wischte.
„Ich wüsste da vielleicht jemanden“, meinte Laura hoffnungsvoll. „Und zwar meinen Vater. Er ist auch Buchhalter und auf der Suche nach einer neuen Arbeit.“
„Ach, wirklich?“
„Ja.“

„Na, ich weiß nicht so recht.“ Herr Jansen zögerte.
„Mein Vater wäre genau der Richtige für diesen Job! Er kann nicht nur super mit Zahlen umgehen, sondern auch mit Pferden!“
„Tatsächlich?“
„Na ja, zumindest das mit den Zahlen stimmt wirklich. Pferde kennt er eigentlich nur aus Filmen. Aber er schaut sie sich echt gern an!“
Herr Jansen überlegte einen Augenblick.
„Wenn das so ist, dann sollte ich deinen Vater vielleicht mal anrufen.“
Keine zwei Minuten später hatte Herr Jansen Lauras Vater an der Strippe.
Als er kurze Zeit später das Telefongespräch beendet hatte, starrte Laura ihn fragend an. „Und? Was hat er gesagt?“
Laura riss ihre Augen neugierig auf.

„Er ist interessiert“, antwortete Herr Jansen lächelnd.
Ohne ein weiteres Wort zu sagen, stürmte Laura aus dem Büro. Ihr war klar, dass ihr Vater die Stelle annehmen würde.
Schließlich wollte er genauso wenig von hier wegziehen wie Laura selbst.
So schnell ihre Beine sie tragen konnten, rannte Laura in Richtung Pferdestall. Sie konnte es kaum erwarten, Flavio die frohe Botschaft zu überbringen.
Aufgeschreckt von Lauras Getrampel schauten im Stall alle Pferde auf.

Als Laura endlich vor Flavios Box stand, fiel sie ihrem Freund überglücklich um den Hals.
„Stell dir vor, Flavio“, begann sie atemlos. „Wir bleiben hier!“ Tränen rannen ihr wie Wasserfälle die Wangen hinunter. Doch diesmal waren es Freudentränen, die Laura nur zu gern vergoss.

Liebe auf den zweiten Blick

„Na los, Julia! Komm schon her. Ich möchte dir jemanden vorstellen“, ruft mir meine Cousine Lilli zu.

Widerwillig betrete ich das große, graue Gebäude.

„Igitt! Hier stinkt es ja schlimmer als bei meinem kleinen Bruder im Zimmer!“, sage ich und rümpfe die Nase.

„Das ist hier ja auch ein Pferdestall“, meint Lilli. „Da riecht es nun mal nicht nach Rosen.“

„Sondern nach Äpfeln. Und zwar nach Pferdeäpfeln, um genau zu sein“, entgegne ich leicht angewidert. Schnell gehe ich auf meine Cousine zu.
Lilli ist total in Pferde vernarrt. Ich glaube, sie wäre am liebsten selbst eins. Schon seit Monaten bekniet sie mich, mit ihr auf diesen Reiterhof zu kommen. Also: Hier bin ich.
„Das ist Komet“, meint sie mit leuchtenden Augen, als ich bei ihr ankomme. „Mein Pferd.“
„Gut, dass du es sagst. Ich hätte es sonst glatt für ein Kaninchen gehalten“, sage ich. Lilli fängt an zu lachen. Mir allerdings ist ganz und gar nicht nach Lachen zumute. Denn der Gaul bewegt sich ohne Vorwarnung plötzlich aus seiner Box direkt auf mich zu. Neugierig mustert er mich und beschnuppert meine Haare.

Ich halte die Luft an.
„Keine Angst“, versucht mich meine Cousine zu beruhigen. „Er tut dir nichts!“
Liebevoll streichelt Lilli Komets Hals.
Das Pferd schnauft genüsslich und pustet mir so die Haare aus dem Gesicht.

„Er mag dich“, sagt Lilli grinsend.
„So. Er hat mich wohl zum Fressen gern, was?“ Mir ist mulmig zumute.

„Pferde sind Pflanzenfresser, Julia“, erklärt Lilli.
„Dann solltest du ihm das vielleicht mal sagen. Dein Gaul macht sich nämlich gerade an meine Haare ran.“
„Kein Wunder. Die sehen ja auch aus wie Stroh“, sagt Lilli und wiehert drauflos.
Während Lilli kurze Zeit später gewissenhaft Komet striegelt und bürstet, langweile ich mich halb zu Tode.
„Hier ist es total öde. Können wir nicht endlich gehen?“, stänkere ich.
„Nicht bevor du geritten bist!“
„Ich soll reiten?! Auf einem Pferd?“
„Na, ganz bestimmt nicht auf mir!“
„Aber ich will gar nicht reiten!“
„Doch, du willst. Du weißt es bloß noch nicht“, sagt Lilli und verschwindet. Kurz darauf kommt sie mit Sattel, Zaumzeug und einer langen Leine wieder.

Nachdem sie Komet gesattelt hat, macht sie ein nachdenkliches Gesicht.
„Was ist?“, will ich wissen.
„Ach, nichts. Ich überlege nur, ob wir in die Reithalle gehen sollen oder vielleicht doch lieber nach draußen.“
„Wie wäre es, wenn wir das Ganze vergessen und einfach nach Hause gehen?“
„Keine Chance. Wir gehen in die Reithalle“, beschließt Lilli. „Komet wird draußen immer leicht nervös. Außerdem dürften wir in der Halle unsere Ruhe haben. Die meisten reiten bei dem schönen Wetter unter freiem Himmel“, meint sie und setzt sich in Bewegung.
Als wir kurze Zeit später in der Mitte der Halle stehen, sagt Lilli, ohne mich anzusehen: „Komm her!“
„Ich will nicht!“

Lilli wirft mir einen finsteren Blick zu. Da ich meine Cousine genau kenne, weiß ich, dass sie ein richtiger Sturkopf ist. Sie gibt garantiert keine Ruhe, ehe ich mal geritten bin. Also setze ich mich in Bewegung.

„Als Erstes üben wir das Aufsteigen“, meint sie.

„Und wo ist die Leiter?“ Ich schaue mich suchend nach allen Seiten um.

„Dazu braucht man doch keine Leiter“, meint meine Cousine.

„Ich glaube nicht, dass ich es ohne Leiter kann.“

„Vertrau mir“, sagt Lilli. „Also. Man sitzt immer von links auf. Das habe ich in meiner ersten Reitstunde gelernt.“

Während ich Komet von hinten umkreise, um die Seite zu wechseln, fängt er nervös zu tänzeln an.

„Berühre ihn von der Seite leicht an der Kruppe. Wir wollen doch nicht, dass er ausschlägt."
„Kruppe? Was ist das?"
„Das ist sein Hintern."
Ich lege meine Hand behutsam auf den Pferdekörper und werfe Komet einen ängstlichen Blick zu. Dann bleibe ich zu seiner Linken stehen und warte auf weitere Anweisungen.
„Jetzt legst du deine linke Hand vor den Sattelknauf. Ja, genau so. Nun das linke Bein in den Steigbügel und die rechte Hand auf den Sattel."
Ich gehorche.
„Und jetzt drückst du dich mit dem linken Bein auf und schwingst das andere Bein über Komets Rücken."
Tollpatschig plumpse ich in den Sattel.
„Siehst du. Das war doch gar nicht so

schwer, oder?“ Ohne auf eine Antwort zu warten, kommandiert Lilli mich weiter herum.

„Drück die Fersen nach unten und dreh die Fußspitzen nach außen. Super!“, lobt sie mich.

„Sitz doch nicht wie ein nasser Sack Kartoffeln da. Mach einen geraden Rücken und heb den Kopf. Viel besser!“

„Und wie komme ich jetzt wieder runter?“
„Gar nicht. Jedenfalls noch nicht. Jetzt kommt doch das Beste.“
„Und das wäre?“
„Na, das Reiten, du Dummerchen!“ Lilli verdreht ihre graugrünen Augen und befestigt die lange rote Leine an Komets Zaumzeug.
„Was ist das?“
„Das ist eine Longe. So was Ähnliches wie eine Leine beim Hund. Damit habe ich Komet besser unter Kontrolle. Und nun press deine Schenkel ganz leicht in seinen Bauch.“
Langsam setzt sich das Pferd in Bewegung. Mein Herz rast wie verrückt. Aus Angst, ich könnte herunterfallen, umklammere ich mit aller Kraft Komets starken Hals.
„Lass ihn los!“, ruft Lilli mir sofort zu.

„Oder willst du den armen Kerl erwürgen? Sei ganz locker. Versuch seinen Rhythmus zu fühlen."
„Sind wir hier in der Tanzstunde, oder was?"
Kurze Zeit später reite ich schon Hallenrunden. Mal im gemütlichen Schritt, dann in einem leichten Trab. Auch wenn ich es vor Lilli nicht zugeben will – es ist einfach großartig! Niemals hätte ich

gedacht, dass Reiten so viel Spaß machen kann. Vielleicht könnte ich mal richtigen Reitunterricht nehmen. Lillis Reitlehrer soll ein wirklich netter Mann sein. Er ist früher Turniere geritten, hat sie mir mal stolz erzählt.
„Das ist genug für heute!“, ruft Lilli mir plötzlich zu. „Wir müssen Komet noch putzen. Du kannst jetzt anhalten.“
„Wie denn? Ich kann die Bremse nicht finden“, meine ich unbeholfen.
„Zieh die Zügel leicht an, press die Schenkel zusammen und drück deinen Hintern nach unten.“
Kaum habe ich Lillis Anweisungen ausgeführt, bleibt Komet auch schon stehen. Er reagiert auf die leichtesten Hilfen. Er ist so zahm wie ein kleines Lamm und so süß wie Zuckerwatte.
„Danke, dass du mir nichts getan hast,

mein Großer“, flüstere ich Komet zu, nachdem ich abgestiegen bin. Er stupst mich zärtlich an und bläst mir seinen heißen Atem ins Gesicht.

„Lilli, ich glaube, du hast mich angesteckt!“, sage ich, während meine Hand sanft über die Blesse auf Komets Stirn streicht.

„Aber womit denn? Ich bin doch gar nicht krank!“, entgegnet meine Cousine verwirrt.

„Oh, doch! Du bist krankhaft verrückt nach Pferden!“

Ein Dieb auf dem Reiterhof?

„Lass mich endlich in Ruhe!“, brülle ich meine kleine Schwester Kathi total genervt an. „Ich will doch nur wissen, wofür diese Bürste hier ist.“ Sie hält mir eine Kardätsche vor die Nase. „Gib her!“ Ich reiße ihr die Bürste aus der Hand. Dann drehe ich mich um. Mit gleichmäßigen Bewegungen streiche ich mit der Bürste Lottas Fell glatt. Lotta ist mein Pflegepferd. Jeden Dienstag, Donnerstag und Samstag besuche ich sie hier auf dem Reiterhof. Dann putze und füttere ich sie. Ich mache ihren Stall sauber und danach darf ich reiten.

Normalerweise freue ich mich riesig auf die Besuche bei Lotta. Doch heute ist es anders. Und schuld daran ist Kathi.
Schon den ganzen Vormittag geht sie mir mächtig auf die Nerven. Ständig rückt sie mir auf die Pelle. Oder löchert mich mit blöden Fragen. Und wem habe ich das zu verdanken? Unseren Eltern. Es war nämlich ihre Idee gewesen, dass ich Kathi auf den Reiterhof mitnehmen sollte. Dabei kann sie noch nicht mal reiten. Eigentlich nur auf Opa Rolfs Rücken. Darin ist sie wirklich Weltklasse. Das zählt aber nicht. Schließlich ist Opa Rolf kein Gaul!
„Bist du aber ein süßes Pferdchen." Kathi klopft Lottas Bauch.
„Lass das! Siehst du denn nicht, dass ich sie gerade striegle? Geh und such dir eine andere Beschäftigung. Hier stehst du mir nur im Weg rum!"

„Kann ich dir denn nicht helfen? Sag mir nur, was ich tun soll, und ich mache es."
„Hier gibt es nichts für dich zu tun, kapiert? Du störst. Los, verzieh dich!"
Kaum habe ich den Satz beendet, bekomme ich auch schon ein schlechtes Gewissen. Kathi will mir nur helfen. Und ich maule sie bloß an. Ist doch klar, dass sie neugierig ist. Schließlich ist sie heute das erste Mal auf einem richtigen Reiterhof. Vielleicht lässt sie mich ja endlich in Ruhe, wenn ich sie ein wenig herumführe und ihr alles zeige.
„Also, gut, Kathi. Wenn du unbedingt willst, dann kannst du schon mal den Stall ausmisten. Die Mistgabel und die Schubkarre habe ich vor Lottas Box gestellt. Wenn du mit der Arbeit fertig bist, dann zeige ich dir hier alles. Einverstanden?"

Nichts. Keine Antwort.
„Kathi?“ Ich drehe mich um. Von meiner Schwester ist weit und breit nichts zu sehen.
„Jetzt zeig dich schon! Ich habe keine Lust auf Versteckspiel. Hast du gehört?“
Kathi bleibt verschwunden. Langsam fange ich an mir Sorgen zu machen. Ich führe Lotta in ihre Box zurück.
Nachdem ich das Putzzeug in die Gerätekammer gebracht habe, fülle ich noch schnell Lottas Heunetz mit frischem Heu auf. Dann mache ich mich auf die Suche nach meiner Schwester.
Am Stallausgang begegne ich Olivia. Ihr Pferd steht in der Box direkt neben Lotta.
„Hallo“, begrüße ich sie kurz. „Hast du vielleicht ein kleines Mädchen mit langen Zöpfen gesehen?“
„Tut mir Leid, aber ohne meine Brille bin

ich so blind wie ein Maulwurf", erwidert Olivia. Ihre Augen sind zu schmalen Schlitzen zusammengekniffen.

„Wenn das so ist, dann setz deine Brille doch einfach wieder auf."
„Das würde ich ja. Aber ich kann sie einfach nicht finden. Ich habe sie vorhin kurz abgenommen und auf den Hocker hier gelegt. Als ich sie wieder aufsetzen wollte, war sie verschwunden."
„Eine Brille kann sich doch nicht so einfach in Luft auflösen. Jemand muss sie gestohlen haben!", vermute ich.
„Gestohlen?!", höre ich plötzlich

jemanden rufen. Ich schaue mich um. Hinter mir steht Marvin. Zusammen mit seinem Pony Balu. Die beiden kommen gerade aus der Reithalle. Während das Pony neugierig ein Pferd in der Box zu seiner Rechten beschnuppert, schaut Marvin mit ernster Miene erst mich und dann Olivia an.

„Mir ist auch etwas gestohlen worden“, meint er dann. „Und zwar mein Schlüsselbund. Ich habe schon überall danach gesucht. Doch ich kann ihn nirgends finden! Wie soll ich denn jetzt in unsere Wohnung kommen? Ich kann wohl kaum durch das Fenster steigen.“

In diesem Moment taucht Paula im Stall auf.
„Oh, nein – oh, nein – oh, nein! Wo ist sie bloß?“ Nervös düst sie an uns vorbei.
Paula ist immer etwas durcheinander. Und zudem furchtbar vergesslich.
„Was ist passiert?“, frage ich sie.
„Ich – ich kann meine Reitkappe nicht finden“, antwortet sie mit zittriger Stimme.
Sie sucht mit ihren Augen jeden Zentimeter des Stalls ab.
„Ist deine Kappe etwa grau?“, frage ich.
„Hmm.“ Sie nickt.
„Und hat deine Kappe eine kleine Delle auf der rechten Seite?“, erkundigt sich Marvin.
„Habt ihr sie etwa gesehen?“
„Ja“, sagen Marvin und ich wie aus einem Mund.
„Wo?!“

„Na, auf deinem Kopf!“
Ungläubig fasst Paula sich an ihren Kopf. „Puuuh!“ Erleichtert atmet sie aus. „Und ich dachte schon, jemand hätte mir die Kappe geklaut.“
Plötzlich schießt mir ein wilder Gedanke durch den Kopf. Was, wenn Kathi auch geklaut wurde? Wie sollte ich das bloß unseren Eltern erklären?
Ich laufe die Stallgasse auf und ab. Doch alles, was ich finde, sind ein paar Pferdeäpfel. Von Kathi keine Spur. Auch Olivias Brille und Marvins Schlüsselbund bleiben verschwunden.

Zu dritt durchsuchen wir fast den ganzen Reiterhof. Dabei ist Olivia, ohne ihre Brille, keine besonders große Hilfe. Ganz im Gegenteil. Marvin und ich müssen ständig aufpassen, dass sie nicht gegen jeden Türrahmen rennt oder in einen riesigen Haufen tritt.
Und treten könnte auch Lisa. Und zwar sich selbst. Dafür dass sie ihre neuen Rollerskates einfach so hat herumliegen lassen.
Lisa ist die Tochter von Herrn Maier, dem Reitlehrer. Zusammen mit ihrer besten Freundin Anne sitzt sie vor der Reithalle.
„Sie sind weg! Meine Rollerskates sind weg!“ Lisa heult sich die Augen aus dem Kopf, als wir bei ihr ankommen. „Das kann ich meinem Vater auf gar keinen Fall sagen. Nicht nachdem er mir verboten hat, hier mit Rollerskates aufzutauchen.“

„Wirklich seltsam. Erst verschwindet meine Schwester, dann Olivias Brille. Dann Marvins Schlüssel und nun auch deine Rollerskates."

„Nicht zu vergessen: mein Rucksack", meint Anne, während sie tröstend ihren Arm um Lisas Schultern legt.

„Hm." Nachdenklich lege ich meine Stirn in Falten.

„Habt ihr auch wirklich überall gesucht? Wart ihr in der Sattelkammer und auf dem Reitplatz?"

Lisa und Anne nicken.

„Auch in den Pferdeboxen?"

„Wozu sollte ich in den Pferdeboxen nach meinen Rollerskates suchen?“, fragt Lisa verwirrt. „Ich glaube kaum, dass sie sich ein Pferd unter den Nagel gerissen hat! Oder hat schon mal einer von euch ein Pferd auf Rollerskates gesehen? Die Sache ist glasklar. Hier treibt sich irgendwo ein Dieb herum!“

„Wieso weinst du?“, fragt eine mir bekannte Stimme auf einmal. „Hast du dir etwa wehgetan?“

Ich schaue mich um.

„Kathi?!“ Vor Erleichterung fällt mir ein Stein vom Herzen. „Ich habe mir solche Sorgen um dich gemacht. Wo hast du gesteckt?“

„Ich hab mich hier bloß ein bisschen umgeschaut. Und sieh mal, was ich alles gefunden hab!“ Stolz präsentiert Kathi ihre Fundstücke.

„Das ist ja Olivias Brille!“, meint Marvin und reißt sie Kathi aus der Hand.
Vorsichtig setzt er sie Olivia auf die Nase.
„Und da sind ja auch meine Rollerskates!“
„Und mein Rucksack!“
„Na, los, du kleiner Gauner. Rück schon meinen Schlüsselbund heraus!“, fordert Marvin Kathi böse auf.
„Wie kommst du an das ganze Zeug, Kathi?“
Meine Schwester schaut mich unschuldig an. „Ich habe das alles hier auf dem Reiterhof gefunden und darauf aufgepasst!“, erklärt sie.

„Du hast die Sachen nicht gefunden. Du hast sie gestohlen!“, wirft Marvin ihr vor.
„Das stimmt doch gar nicht! Die Brille zum Beispiel lag auf einem Hocker. Ich habe sie nur mitgenommen, weil ich nicht wollte, dass sich jemand aus Versehen draufsetzt und sie kaputtmacht! Und den Schlüsselbund habe ich in der Reithalle gefunden. Er lag im Sand.“
„Und was ist mit meinen Rollerskates?“
„Die habe ich bloß mitgenommen, weil ich nicht wollte, dass sie gestohlen werden. Sie sehen noch so neu aus. Und als ich die ganzen Sachen wegtragen wollte, bin ich über den Rucksack gestolpert. Da habe ich ihn auch mitgenommen. Sonst wäre womöglich noch jemand darüber gestolpert!“
„So ein Blödsinn!“ Marvins Augen funkeln Kathi wütend an.

„Es tut mir Leid!“, heult sie los, wie eine Sirene. „Ich habe es nicht böse gemeint.“

„Ist schon gut.“ Ich versuche meine Schwester zu trösten. „Du brauchst nicht zu weinen. Es ist ja alles wieder da. Wir hätten einfach besser auf unsere Sachen aufpassen müssen. Vor allem hätte ich besser auf dich aufpassen sollen. Glaub mir, das werde ich in Zukunft sicher auch tun!“

„Heißt das, dass ich das nächste Mal wieder mitkommen darf?“ Kathis Augen funkeln mich an.

„Aber nur, wenn du versprichst, mir nicht den letzten Nerv zu rauben!“

„Großes Indianerehrenwort!“

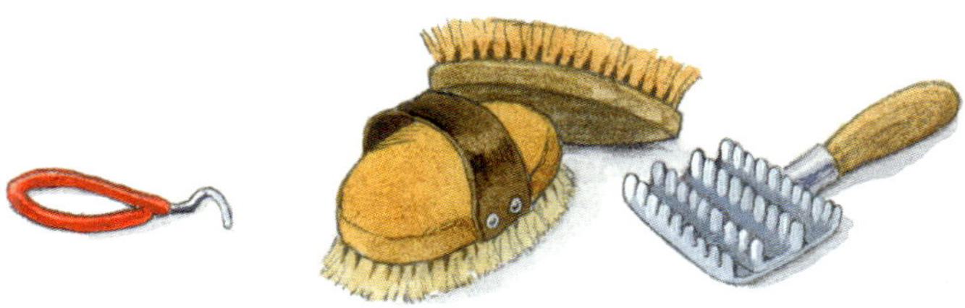

Mit Liebe, Geduld und Karotten

Gemütlich liege ich zusammen mit meinem besten Freund auf der Wiese unter einer großen Eiche.
Baron und ich kennen uns schon seit einer Ewigkeit. Wir sind zusammen aufgewachsen und vom ersten Tag an unzertrennlich. Nein. Wir sind nicht etwa aneinander festgewachsen, aber trotzdem kleben wir wie Kletten aneinander.

Baron ist nicht nur mein allerbester Freund, sondern auch mein eigenes Pferd. Als Belohnung dafür, dass ich ihn so gut umsorge und täglich seinen Mist wegmache, lässt er mich auf seinem Rücken reiten. Doch heute benutze ich seinen Rücken ausnahmsweise mal als Kopfkissen.

„Aaah“, seufze ich genüsslich. „Ist das nicht ein herrlicher Tag, Baron?“

Als Antwort schnauft er kräftig.

„Du hast Recht“, stimme ich seinem Schnaufen zu. „Es gibt wirklich nichts Schöneres als friedlich vor sich hin zu dösen.“

An so schönen Tagen wie heute ist auf dem Reiterhof meines Vaters immer besonders viel los. Mein Vater ist übrigens gerade in der Reithalle und schaut beim Reitunterricht zu. Das macht er immer, wenn Neulinge ankommen. Die Alteingesessenen, die schon reiten können, sind entweder ausgeritten oder drehen ihre Runden auf dem Reitplatz. Baron und ich allerdings haben uns ein ruhiges Plätzchen auf der großen Wiese hinter dem Stall gesucht. Hier gehen wir unserem allergrößten Hobby nach. Dem Faulenzen!

Doch plötzlich werden wir gestört. Und zwar von einer äußerst hartnäckigen, kleinen Mistfliege.

„Los, hau ab!“ Wie verrückt fuchtle ich mit beiden Händen in der Luft herum. Barons Schweif kommt mir wedelnd zu Hilfe. Gemeinsam gelingt es uns, den Feind in die Flucht zu schlagen.

Zur Belohnung gönnen wir uns einen kleinen Leckerbissen. Brüderlich teilen wir uns eine schöne saftige Karotte, die ich

aus meiner linken Hosentasche hervorgezaubert habe.
Nachdem wir den letzen Bissen verdrückt haben, stehen wir auf. Während ich die wohlige Müdigkeit aus meinem Körper herausgähne, widmet sich Baron meinem T-Shirt. Voller Hingabe beknabbert und besabbert er es.

„Bist du verfressen!“, sage ich vorwurfsvoll zu ihm. Er reißt sich von mir los und verpasst mir einen zärtlichen Stups.

„Hey, du kleiner Frechdachs." Sanft lächelnd vergrabe ich mein Gesicht in Barons kuscheligem Fell. In diesem Augenblick höre ich etwas. Doch es ist nicht das Summen einer kleinen lästigen Fliege. Es ist das Keifen eines nervigen Jungen.
„Los, Pia! Geh jetzt weiter!", ruft er und rammt seiner Stute die Schenkel in den Bauch.
Verärgert marschiere ich schnurstracks auf den Tierquäler zu. Baron folgt mir wie immer auf Schritt und Tritt.

„Sag mal, was treibst du da eigentlich?“, frage ich den Jungen scharf, als ich bei ihm ankomme.
„Das geht dich gar nichts an!“, erwidert er brummend und wendet sich wieder seinem Pferd zu.
„Du blöder Gaul, beweg dich endlich!“, sagt er, rammt der Stute seine Fersen in den Bauch und versucht sie mit den Zügeln anzutreiben.
„Du tust ihr weh, du Blödmann“, keife ich den Jungen an.

„Sie versteht es nun mal nicht anders“, entgegnet er.
„Außerdem heiße ich Max und nicht Blödmann“, fügt er hinzu, bevor er seine schlechte Laune wieder an dem Tier auslässt.
„Du – du doofe Zicke!“, beschimpft er es.
„Sag mal, Max. Hast du was an den Augen? Das ist ein Pferd und keine Zicke, du Blindfisch!“
Ohne auf meine Bemerkung einzugehen, quält er das arme Tier weiter.
„Vorwärts!“, brüllt er zornig.
Mit eng angelegten Ohren setzt Pia sich

widerwillig in Bewegung. Doch nach einem Schritt bleibt sie erneut stehen. Und zwar vor Baron und mir.
Sanft berühren sich die Pferde an den Nüstern und beschnuppern sich neugierig. Dabei ziehen sie den Atem des anderen in sich ein.
Mit ausgestrecktem Mähnenkamm, erhobenem Kopf und Schweif stolziert Baron vor Pia herum.
„Sie gefällt dir was?“, frage ich Baron kichernd. Kein Wunder. Sie ist eine wahre Schönheit. Ihr rotgoldenes Fell glänzt in der Sonne und eine Schnurblesse ziert ihr hübsches Pferdegesicht.
„Na, los!“, ertönt Max’ zornige Stimme wieder. „Geh endlich weiter, Pia! Bist du taub oder rede ich etwa chinesisch?“
„Wie wäre es, wenn du endlich anfangen würdest mit ihr pferdisch zu sprechen?“

Meine Augen funkeln Max wütend an. „Anstatt Pia ständig an den Zügeln zu zerren und die Arme immer wieder anzumaulen, solltest du lieber etwas freundlicher zu ihr sein!“
„Pferdisch?“, wiederholt Max. „Was faselst du da für einen Quatsch? Ist dir der Pferdemistgeruch in den Kopf gestiegen? Es gibt gar kein Pferdisch!“, faucht er und zieht wieder an den Zügeln, um seine Stute zum Weitergehen zu bewegen.
Nichts. Pia bewegt sich nicht vom Fleck.
Erschöpft und sauer zugleich steigt Max schließlich ab.
Er wirft die Zügel über Pias Kopf und starrt sekundenlang nachdenklich Löcher in die Luft. Auf einmal fängt er an zu wiehern.
„Geht es dir gut?“, frage ich Max.
Dabei versuche ich mir das Lachen zu

verkneifen. Der Kopf des Jungen wird
ganz rot.
„Wieso? Ich versuche doch nur deinen
Rat zu befolgen."
„Habe ich dir etwa geraten, dich wie ein
Volltrottel zu benehmen?"
„Nein, aber du hast gesagt, ich soll
versuchen mit Pia pferdisch zu sprechen",
rechtfertigt Max sein seltsames Verhalten.

„Das bedeutet nicht, dass du hier herumwiehern sollst. Du musst Pia einfach das Gefühl geben, dass du sie verstehst. Sie muss deine Hilfen und Kommandos gern ausführen. Du darfst sie nicht dazu zwingen. Du tust doch auch nichts gern, wenn es dir jemand befiehlt, oder?"
„Hm", macht er und presst seine Lippen ganz fest zusammen.
„Du solltest mehr auf ihre Körpersprache achten. Die verrät dir nämlich eine Menge über Pias Gefühle."
„Woher weißt du das alles?", fragt Max.
„Ich bin mit den Pferden auf diesem Reiterhof aufgewachsen", erkläre ich. „Es ist mein zweites Zuhause. Der Hof gehört meinem Vater und der hat mir schon früh beigebracht, wie man mit Pferden umgeht. Und zwar mit sehr viel Zuwendung und

noch mehr Liebe! Soll ich es dir zeigen?“ Max nickt und reicht mir Pias Zügel. Behutsam rede ich auf die Stute ein, bevor ich auf sie zugehe. Pia richtet neugierig ihre Ohren nach vorne. Dann wiehert sie leise und macht einen Schritt auf mich zu. Ich berühre sie vorsichtig an der Nase. Sofort weicht sie zurück und tänzelt nervös auf der Stelle.
„Hab keine Angst, Pia“, sage ich fast flüsternd, während ich ganz langsam eine halbe Karotte aus meiner Hosentasche heraushole. Ich halte sie Pia vor die Nase. Sie blubbert freudig. Als sie nach der Karotte greift, mache ich wieder einen Schritt auf sie zu. Dann fahre ich ihr liebevoll durch die Mähne. Diesmal scheint es ihr zu gefallen. Denn sie wird ruhiger und lässt sich den Leckerbissen schmecken.

Eine Minute später sitze ich auf Pias Rücken und gebe ihr leichte Schenkelhilfen. Sofort setzt sie sich in Bewegung. Max reißt erstaunt seine Augen auf.
„So ist es brav, meine Schöne“, sage ich und gehe mit Pia in einen leichten Trab über. Dabei folgt uns Baron wie ein Schatten.
„Wahnsinn!“, meint Max, als ich Pia vor ihm zum Stehen bringe. Ich steige ab und drücke ihm wieder die Zügel in die Hand.
„Wie hast du das gemacht?“, will er von mir wissen.
„Es ist ganz einfach“, erwidere ich, während ich Barons Hals klopfe. „Wenn du dir die Mühe machst, dein Tier zu verstehen, und es mit Ruhe und Freundlichkeit behandelst, dann bringt es dir von ganz allein Vertrauen und

Zuneigung entgegen. Und wenn es dir erst vertraut, dann tut es alles für dich. Aber das Vertrauen musst du dir erst einmal verdienen."

Max nickt einsichtig. Er schaut Pia mit großen Augen an und streichelt ihr über die Nase.

„Es tut mir Leid, Pia", murmelt er verlegen.

Sie schnaubt freudig und wiehert leise. Ich grinse.

„Das war pferdisch und bedeutet: Entschuldigung angenommen!"

Leserätsel

mit dem Leseraben

Super, du hast das ganze Buch geschafft! Hast du die Geschichten ganz genau gelesen? Der Leserabe hat sich ein paar spannende Rätsel für echte Lese-Detektive ausgedacht. Mal sehen, ob du die Fragen beantworten kannst. Wenn nicht, lies einfach noch mal auf den Seiten nach. Wenn du die richtigen Antwortbuchstaben in die Kästchen auf Seite 59 eingesetzt hast, bekommst du das Lösungswort.

Fragen zu den Geschichten

1. Warum ist es für Laura so schlimm, dass ihr Vater eine neue Arbeit gefunden hat und sie deshalb umziehen müssen? (Seite 4–6)

K: Sie will nicht auf eine andere Schule gehen.

P: Sie möchte ihr Pflegepferd Flavio nicht verlassen.

2. Warum nimmt Lilli ihre Cousine Julia mit auf den Reiterhof? (Seite 19–21)

F: Lilli möchte, dass Julia reiten lernt.

L: Julia soll beim Putzen und Füttern der Pferde helfen.

3. Was denkt Julia, als sie auf Komet reitet? (Seite 27)

E: Sie findet Reiten großartig.

A: Sie will nie mehr reiten.

4. Warum hat Kathi alle möglichen Sachen auf dem Reiterhof gesammelt? (Seite 41/42)

R: Sie hat darauf aufgepasst, damit die Sachen nicht gestohlen werden.

Z: Sie wollte die Sachen klauen.

5. Max soll „pferdisch“ mit seinem Reitpferd Pia sprechen. Was ist damit gemeint? (Seite 53–56)

G: Er soll wiehern wie ein Pferd.

D: Er soll dem Pferd mit sehr viel Zuneigung begegnen und es mit Ruhe und Freundlichkeit behandeln.

LÖSUNGSWORT:

1 P	2 F	3 E	4 R	5 D	E

Rabenpost

Super, alles richtig gemacht! Jetzt wird es Zeit für die RABENPOST.
Schicke dem LESERABEN einfach eine Karte mit dem richtigen Lösungswort. Oder schreib eine E-Mail.
Wir verlosen jeden Monat 10 Buchpakete unter den Einsendern!

An den LESERABEN
RABENPOST
Postfach 20 07
88190 Ravensburg
Deutschland

leserabe@ravensburger.de
Besuche mich doch auf meiner Webseite:
www.leserabe.de